Angela Nora Broer   Gerüchte über gelbe Gummistiefel

Moin!

Hier spricht eine Ostfriesin zu Ihnen.

Eine Ostfriesin, die seit 10 Jahren (leider) nicht mehr in ihrer Heimat lebt. Die weite Welt hat sie vielleicht nicht bereist, aber immerhin in Oldenburg, Bremen, Hildesheim, Paderborn und Hamburg gewohnt. Dort bekam sie regelmäßig Sprüche wie „Es regnet, hol' mal Deinen Ostfriesennerz raus!" oder „Von da oben kommst du? Dafür bist du aber sehr gesprächig!" zu Ohren. Bei der Frage, ob Tee oder Kaffee, wurde sie häufig übergangen. „Ihr trinkt doch eh alle nur Tee" hieß es da.

Tatsächlich bevorzugt die Autorin Tee, Kaffee gibt es nur bei akuter Müdigkeit. Einen gelben Ostfriesennerz mitsamt farblich passenden Gummistiefeln hat sie jedoch nie besessen. Im Gegensatz zu ihrer Schwester, die in den Siebzigern geboren wurde, als die Dinger voll im Trend waren. Neulich kam es jedoch in einem maritimen Norddeicher Bekleidungsgeschäft zu folgender Szene. Auf die Frage, ob es jene gelben Mäntel und Stiefel im Sortiment gäbe, reagierte die Verkäuferin überrascht „Die Gelben? Sind die nicht völlig out?"

Was ist dran an den Gerüchten über die Küstenbewohner? Tragen die nun gelbe Gummistiefel oder nicht? Und kommt dort außer Tee und Fisch nichts anderes auf den Tisch? In diesem Buch werden auf humorvolle Weise die wichtigsten Eigenarten der Ostfriesen beschrieben, bestehende Klischees hinterfragt und die Gründe für diese erläutert. Und das gerne mit einem gewissen Augenzwinkern. Schließlich bestätigen auch immer Ausnahmen die Regel: So versteckt sich sicherlich hinter der nächsten Düne auch ein Kaffeetrinker. Als Grundlage für dieses Buch dienten die gesammelten Sprüche, welche die Autorin in den letzten Jahren von Nicht-Ostfriesen über ihre Heimat zu hören bekam.

Viel Spaß beim Kennenlernen dieses speziellen, aber durchaus liebenswürdigen Küstenvölkchens!

2. Auflage 2016

© Ostfriesland Verlag – SKN

Verlagsanschrift: Stellmacherstraße 14, 26506 Norden
Internet: www.skn.info | E-Mail: verlag@skn.info

Konzept | Text | Illustration | Layout | Umschlaggestaltung: Angela Nora Broer
Lektorat: Hildegard Schepker
Produktion: Holger Bloem

Grundschrift: Thesis

Druck und Gesamtherstellung: SKN Druck und Verlag GmbH & Co. KG

Printed in Germany

Textbeiträge, die zeitlich vor der Rechtschreibreform liegen,
werden in der Originalschreibweise wiedergegeben.

Bibliografische Information der Deutschen Nationalbiliothek:
Die Deutsche Nationalbibliothek verzeichnet die Publikation
in der Deutschen Nationalbibliografie; detaillierte bibliografische
Daten sind im Internet unter http://dnb.dnb.de abrufbar.

ISBN 978-3-944841-04-5

Wat dat binnen all so gifft

Weite, Wind und Wellen

Die Region Ostfriesland

Ostfriesland – allseits bekannt. Wer nicht zu den Ureinwohnern gehört, war mit großer Wahrscheinlichkeit schon einmal im Urlaub dort oder hat wenigstens irgendetwas über den niedersächsischen Küstenlandstrich gehört. Wenn auch einigen die geographische Zuordnung etwas schwer fällt. „Schön, Ostfriesland! Ich war auch schon mal auf Rügen!" Dieser Ausspruch einer Kommilitonin erschütterte die Autorin zutiefst. Also, ganz offiziell für alle: Diese ursprüngliche Region liegt im äußersten Nordwesten Deutschlands, an die Nordsee grenzend.

„Im Nordwesten? Aber es heißt doch OSTfriesland!"

Diese Tatsache kann gleich zu Beginn für Verwirrung sorgen. Es hilft in dem Fall weiter, wenn man weiß, dass sich das ursprüngliche Siedlungsgebiet der Friesen von den Niederlanden über Nord-Niedersachsen bis nach Schleswig-Holstein erstreckte. *Westfriesland* liegt bei unseren orangenen Nachbarn. An der deutschen Grenze, genauer an der Meeresbucht *Dollart* und der *Emsmündung*, beginnt die Halbinsel *Ostfriesland*, gefolgt von der Region rund um den *Jadebusen*, die als *Oldenburgisches Friesland* bezeichnet wird. Im *Saterland*, welches zum Landkreis Cloppenburg gehört, leben die *Saterfriesen*. *Nordfriesland* befindet sich wiederum im Nordwesten Schleswig-Holsteins. Hätten wir das erst

NORDSEE

Wangerooge

Spiekeroog

Langeoog

Baltrum

Norderney

Juist

Borkum

● Norden

Jever ●

Wittmund ●

Wilhelmshaven ●

● Aurich

Jadebusen

OSTFRIESLAND

Oldenburgisches
Friesland

● Emden

Dollart

Ems

NIEDERLANDE

● Leer

Oldenburg ●

DEUTSCHLAND

Sater-
land

Papenburg ●

Ostfriesland in politischen Grenzen

mal geklärt. In Ostfriesland leben auf knapp 3.150 Quadratkilometern zirka 460.000 Menschen, was in Deutschland vergleichsweise eher als schwach bevölkert angesehen werden kann. Bleibt also genügend Platz zum Durchatmen, was zudem durch das herrschende *Reizklima* begünstigt wird. Die klare, salzhaltige Meeresluft hat eine heilende Wirkung und lockt so manchen zur Kur in die Gegend.

„Ach, Du wohnst da, wo der Zug fast ins Wasser fährt!"

Die Region, früher politisch vereint, gilt heute nur noch als sogenannter Landschaftsverband. Er umfasst die Landkreise *Aurich, Leer* und *Wittmund* mit ihren gleichnamigen Städten sowie die kreisfreie Stadt *Emden*, mit knapp 52.000 Einwohnern die größte in Ostfriesland. Unzählige Dörfer mit ungewöhnlichen Namen wie *Firrel, Upgant-Schott, Rechtsupweg* oder gar *Schweindorf* verteilen sich auf den weiten Ebenen der Gegend. Beschauliche Sielhäfen und Fischerdörfer wie *Greetsiel* locken ebenso die Touristen wie die historischen Kerne von Aurich und Leer. Die Seehafenstadt Emden bietet maritimes Flair und eine Menge Kultur. Sehr populär ist auch das Nordseeheilbad *Norden-Norddeich*, nicht zuletzt wegen seines Fährhafens mit Verbindung zu den Inseln Norderney und Juist sowie des Bahnhofs *Norddeich-Mole* direkt an

der Wasserkante. Dem von Hannover aus fahrenden Regionalexpress mit der Mole als Endstation verdankt Norddeich einige Bekanntheit. Er ermöglicht eine bequeme Anreise aus ganz Niedersachsen.

Um einen häufigen Irrtum unter Auswärtigen zu klären: *Wilhelmshaven* und *Jever* gehören zum oldenburgischen Friesland, da ist der Ostfriese ganz kleinlich. Anders verhält es sich mit *Wangerooge*. Das östlichste Glied der Inselkette gehört verwaltungstechnisch ebenfalls zur Nachbarregion, wird aber trotzdem als Ostfriesische Insel bezeichnet. Weitere bewohnte Inseln sind *Spiekeroog*, *Langeoog*, *Baltrum*, *Norderney*, *Juist* und *Borkum*, so von Ost nach West. Um sich die Reihenfolge zu merken, gibt es einen schönen Spruch: „Welcher Seemann liegt bei Nanny im Bett?" hilft selbst Einheimischen bei der Orientierung. Die Eilande liegen wie eine Perlenkette aufgereiht vor der ostfriesischen Küste. Ursprünglich aus Sandbänken entstanden, bestechen die Inseln auf ihrer Nordseite durch weite, traumhafte Sandstrände und Dünenketten, die unzählige Badegäste und Tagträumer anlocken. Die zum Festland gewandte Seite besteht aus Salzwiesen, während sich im Inselinneren kleine knorrige Wälder verstecken.

Wasser und Watt – dies sind zwei bedeutende Elemente, die die Landschaft prägen. Aufgrund seiner Einzigartigkeit trägt der *Nationalpark Niedersächsisches Wattenmeer,* der unter anderem vor der ostfriesischen Küste verläuft, seit 2009 den Titel *UNESCO-Weltnaturerbe.* Gratulation! Zweimal täglich fällt das Wattenmeer aufgrund des Wechsels der **Gezeiten** trocken, wodurch eine besondere Landschaft zum Vorschein kommt. Während der Schwimmer das fehlende Wasser vielleicht vermisst, erfreuen sich zahlreiche Gäste, die über den Schlickboden wandernd dieses Naturphänomen hautnah erleben. Dort gibt es Krebse, Schnecken, Wattwürmer und Muscheln zu entdecken. Und wer seine Füße nicht grade in Gummistiefeln oder Turnschuhen versteckt (was bei einigen Routen aufgrund der scharfkantigen Muscheln Pflicht ist), bekommt eine Thalasso-Anwendung gratis obendrauf. Neulich beobachtete die Autorin gar eine Clique junger Urlauber, die sich fröhlich qietschend von Kopf bis Fuß mit Schlick bewarf, einschmierte und danach stolz Arm in Arm fotografierte – unter den amüsierten Blicken schaulustiger Strandbesucher. Vom Festland aus sind übrigens die meisten Inseln zu Fuß zu erreichen, wobei dies aber ausdrücklich nur in Begleitung von professionellen Wattführern geschehen sollte.

„DIE FLUT KOMMT ZWEIMAL TÄGLICH, BEI EBBE HAUT SIE AB, UND DAS, WO MAN DANN LAUFEN KANN, DIE GEGEND NENNT MAN WATT"
Hannes Flesner im Lied „Das ist Ostfriesland"

An Land erstrecken sich entlang der Wasserkante kilometerlange begrünte **Deiche** zum Schutz vor Sturmfluten. In den vergangenen Jahrhunderten unterlag der Küstenstrich ständigen Veränderungen durch die Gewalt der Nordsee. Diese forderte regelmäßig Opfer, ob von Mensch oder Land. Zuletzt kam es 1962 zu einer schweren Flutkatastrophe, die ausschlaggebend für eine Verbesserung des Deichbaus war. Neben ihrem eigentlichen Zweck eignen sich die grünen Schutzwälle wunderbar für ausgedehnte Spaziergänge, Radtouren oder zum Schafe begucken. Diese natürlichen Rasenmäher stehen blökend und kauend als touristisches Fotomotiv zur Verfügung.

Die Natur auf Wasser und Watt zu beschränken, wäre allerdings frevelhaft, denn die ostfriesische Landschaft ist vielfältig. *Marsch, Geest* und *Moore* sind die Stichworte. Der Küstenbereich des Festlandes nennt sich **Marsch**, also dem Meer abgerungenes, fruchtbares Land, welches beste Bedingungen für die Landwirtschaft bietet. Satte grüne Wiesen, Getreide- und Rapsfelder sowie eine Vielzahl an Bauernhöfen prägen diese Gegend. Südlicher findet sich die **Geest**. Dies sind während der Eiszeit entstandene, eher unfruchtbare Sandablagerungen, die sich in weiten Feldern mit Weidevieh, Wallhecken und Bäumen zeigen. Da der Wind in Ostfriesland meistens kräftig aus Nordwest weht, lässt er diese

auf den weiten Feldern häufig schief gedeihen. **Windloopers** nennen sich die gen Osten geneigten Gewächse. Apropos Wind: Dieser ist eine bedeutende Energiequelle in der Region. Mühlen verschiedenster Art, vom historischen **Galerieholländer** bis zur hochmodernen Windkraftanlage, prägen das Landschaftsbild.

Im Süden Ostfrieslands dominiert das Moor, das von zahlreichen schnurgeraden Kanälen, den **Fehnkanälen**, durchzogen wird. Diese dienten ursprünglich zur Entwässerung des Moores und zum Transport des dort abgebauten Torfs. In regelmäßigen Abständen helfen markante weiße Klappbrücken bei der Überquerung der Kanäle. Diese zeigen eindeutig die direkte Nachbarschaft zu den Niederlanden, zu denen Ostfriesland Anfang des 19. Jahrhunderts kurzzeitig gehörte. Auch einige Binnenseen finden sich in der Gegend. Das *Ewige Meer*, an der Grenze der Landkreise Aurich und Wittmund, ist Deutschlands größter Hochmoorsee. Richtig, es heißt Meer – in Ostfriesland werden Seen nämlich *Meere* genannt, während die Nordsee *die See* heißt. Das *Große Meer* in der Gemeinde *Südbrookmerland* ist wiederum ein natürlich entstandener Niedermoorsee, der ein beliebtes touristisches Ausflugsziel ist.

„Lass mich raten: Dein Opa war entweder Fischer, Kapitän oder Bauer?"

Kapitän lautet die Antwort. Und der Vater der Autorin hat Schiffbauer bei den *Nordseewerken* in Emden gelernt, bevor er sich dem Bauingenieur-Studium widmete. Früher einmal waren Fischfang, Ackerbau und Viehzucht sowie Schiffbau und Schifffahrt die bedeutenden Wirtschaftszweige. Heutzutage finden darin immer weniger Menschen Arbeit, während der boomende Tourismus gerade in der Sommersaison vielen Einheimischen Beschäftigung bietet. Neben dieser Branche sorgen einige große Unternehmen wie *Volkswagen* in Emden und der Windkraftanlagenhersteller *Enercon* in Aurich für Arbeitsplätze. Die *Hochschule Emden/Leer* bietet verschiedenste Studiengänge von BWL bis Nautik. Dennoch handelt es sich um eine strukturschwache Region mit einer hohen Arbeitslosenquote, woran nicht zuletzt ihre geographische Randlage schuld ist. Aus diesem Grund gibt es eine hohe Zahl von *Bildungsmigranten*. Dies sind junge Leute, die zum Studieren oder Arbeiten Ostfriesland verlassen. Das tun sie oftmals schweren Herzens, da zum einen die einzigartige Landschaft und zum anderen das besondere Wesen der Einwohner eine starke emotionale Bindung zur Heimat erzeugt. Und dieses Wesen gilt es nun zu entdecken.

Mehr als nur Ostfriesenwitze

Das Wesen der Küstenbewohner

Dem eisigen Wind trotzend sitzt der bärtige alte Mann schweigend an der Hafenkante. Nichts bringt ihn aus der Ruhe. Gemütlich seine Pfeife rauchend schaut er aufs Meer und auf sein Tagewerk, ein Netz prall gefüllt mit Fischen. Viel mehr geht in seinem Kopf aber auch nicht vor. Gleich wird er stolz in seinen gelben Gummistiefeln nach Hause gehen, wo seine Frau schon mit einer dampfenden Tasse Tee auf ihn wartet. Wahrlich, das sind eine ganze Menge Klischees auf einmal. Aber ungefähr so stellen sich viele Bundesbürger den ostfriesischen Ureinwohner vor. Stimmt das wirklich? Leben dort nur wortkarge Seebären, völlig eins mit der Natur, dabei aber immer etwas einfältig? Die nichts von der Welt „da draußen" mitbekommen?

„Ihr Ostfriesen seid doch alle ein bisschen doof."

Also bitte! Das ist gleich zu Beginn eine harte Unterstellung. Doch woher stammt diese Annahme? Jedem Klischee liegt (zumeist) eine Wahrheit zugrunde. Erst einmal gilt es zu bedenken, dass die Ostfriesen ein Volk sind, welches seit Urzeiten von der Natur geprägt ist. Der ständige Kampf gegen die Gewalt des Meeres, dem Land wie auch Menschen zum Opfer fielen, hat über Jahrhunderte einen besonderen Menschenschlag geformt.

Rau, pragmatisch, bodenständig. Dies sind nur einige Eigenschaften, die den Ureinwohner ausmachen. Zudem mussten die Menschen hart arbeiten, sei es im Deichbau oder in der Landwirtschaft. Da blieb keine Zeit für romantischen Schnick-Schnack oder das Lesen eines guten Romans, wenn diese überhaupt den Weg nach Ostfriesland fanden. Aufgrund der Randlage der Region kamen Güter und Informationen aus dem Binnenland nur erschwert in die Gegend. Zu Zeiten, in denen es we- der Zeitung noch Fernsehen oder gar Internet gab,

„OSTFRIESE – DAS HÖCHSTE, WAS EIN MENSCH WERDEN KANN.“
Ostfriesische Weisheit

waren die Küstenbewohner einfach immer etwas „ab vom Schuss". Die Menschen lebten für sich im Einklang mit der Natur, der einzige Draht nach außen war die Schiffsanbindung. Auf der anderen Seite haben eben jene Kontakte über die Schifffahrt den Horizont der Einwohner erweitert. Güter und Menschen aus fernen Ländern kamen an, oder die Ostfriesen fuhren selbst zur See. Doch die Zeiten haben sich geändert. Der Ostfriese von heute hat uneingeschränkten Zugang zu allen mehr oder weniger wichtigen Themen und Dingen des modernen Lebens – von der Weltpolitik bis hin zu Fast-Food-Ketten. Zugegeben, es gibt in der Region überdurchschnittlich viel Landbevölkerung, bei der unter Umständen andere Werte gelten als in trendigen Großstädten. Nicht zuletzt die TV-Sendungen *Bauer sucht Frau* und der ***XXL-Ostfriese*** zeigten außergewöhnliche Einheimische aus dem Klischee-Bilderbuch und beeinflussten damit eine spezielle Zielgruppe in ihrem Bild über die Landbewohner. Dorfdisko, Eigenheim mit beschaulichem Vorgarten, „Bauernschick": Wo der hippe Berliner die Nase rümpft, fühlt sich der Landbewohner pudelwohl. Und da ist auch gut so. Auf der anderen Seite muss man bedenken, dass der leicht negative Ruf der Ostfriesen durch die Witze über sie entstand, in denen gerne zu ihren Ungunsten übertrieben wird.

„Was passiert, wenn sich ein Ostfriese gegen eine Kuh lehnt? Die Kuh kippt um, der Klügere gibt schließlich nach."

Über diese Kalauer lacht heutzutage kaum noch jemand. In den 1970er Jahren bundesweit in aller Munde, sind die Ostfriesenwitze inzwischen alte Hüte. Entstanden sind diese Gags unter Schuljungen. Im *Ammerland*, eine an Ostfriesland grenzende Region, besuchten viele Ostfriesen das Gymnasium. Wie unter Pennälern so üblich, wurde fleißig geneckt. Die Ammerländer zogen humorvoll überspitzt über ihre „ausländischen" Kameraden her. Die Witze schafften es gar als eigene Rubrik in die Schülerzeitung, wo sie von einem Journalisten entdeckt wurden und über die Medien bundesweite Bekanntheit

Haha!

Naja.

Tja.

erlangten. Dieser Tatsache hat die Region einiges zu verdanken. Für das dadurch verbreitete Image bedankt sich der Ostfriese jedoch ungern. Meist wird er als dumm und begriffsstutzig dargestellt, außer er holt zum Gegenschlag aus und haut zum Beispiel die Bayern in die Pfanne: „Warum sind die Bayern stinkig auf die Ostfriesen? Weil die ihnen bei Ebbe Land verkauft haben." Wenn die Nation über die Ostfriesen lacht, worüber lacht dieser dann (außer über die Bayern)? Kann er überhaupt lachen? Er zeigt doch so ungerne irgendwelche Emotionen.

„Wie das Land, so der Humor – friesisch flach."

Diesen Spruch pflegt ein Freund der Autorin regelmäßig zu sagen. Es ist kaum verwunderlich, dass viele Bundesbürger den Eindruck bekommen, der ostfriesische Humor sei recht einfältig. Neben den Ostfriesenwitzen gelten die aus Emden stammenden Komiker **Otto Waalkes** und *Karl Dall* als Aushängeschilder des ostfriesischen Humors. Wobei man zugeben muss, dass ihre Darbietungen selbst für Landsmänner und -frauen oft an der (humorvollen) Schmerzgrenze liegen. Trotzdem sei ihr künstlerisches Schaffen und ihr Beitrag zur Popularitätsförderung der Region an dieser Stelle lobend erwähnt. Gerade Otto ist bundesweit bekannt wie ein bunter Hund. Mit Filmen wie *Otto – der Außerfriesi-*

sche oder *Otto's Eleven*, den Comicfiguren namens *Ottifanten* und gar einem eigenen Museum in Emden, dem *Otto Huus*, hat es der Komiker, Schauspieler, Sänger und Cartoonist weit gebracht.

Auch wenn der emotional sparsame Ostfriese selten vor Lachen in Tränen ausbricht, ist er ein sehr humorvoller Zeitgenosse. Eine gesunde Portion Frohsinn ist Grundlage für eine gelungene Kommunikation mit dem Ureinwohner. Mitunter ist auch ein dickes Fell angebracht, da es der Humor oft in sich hat. Um es mit den Worten von *Thomas Degering*, dem Verfasser des Buches *Die Ostfriesen pauschal* zu sagen: „Der ostfriesische Humor ist so trocken wie ein acht bis neun Jahre liegender Zwieback, schwarz wie zu lange ziehender *Schwarzer Friese* [eine starke ostfriesische Teesorte, Anm. d. Red.] und englisch beeinflusst." Ironie, Zweideutigkeit und Schadenfreude (ja, die Bayern bei Ebbe) sind ebenfalls typische Merkmale des oftmals herben Humors der Küstenbewohner.

Warum gilt der Ostfriese überhaupt als „emotional sparsam"? Der Ursprung dieser Eigenschaft liegt sicherlich auch in jenen Zeiten, in denen der Kampf gegen die Naturgewalten an der Tagesordnung war. Der Ostfriese lernte schnell, die Dinge so zu akzeptieren, wie sie waren. Die Natur war einfach stärker. Um jede Kuh zu weinen, die der Sturmflut zum Opfer fiel, machte sie auch nicht wieder lebendig und kostete Kraft, die an anderer Stelle benötigt wurde. So ist auch heute noch ein gewisser Pragmatismus ein typisches Charaktermerkmal dieses Völkchens.

„Ich kenne ein paar Insulaner, und die sind wirklich sehr gemütlich."

Rasende U-Bahnen, Kinos und Konzerte in Hülle und Fülle, blinkende Leuchtreklame an jeder Ecke, 24 Stunden geöffnete Supermärkte: in Ostfriesland Fehlanzeige. Zu U-Bahnen und Konzerten kommen wir später noch, aber erst einmal ist zu sagen, dass in der Küstenregion alles etwas bedächtiger zugeht. Im Überangebot gibt es nur die Natur (und im Sommer vielleicht die Touristen), und hektisch geht es höchstens beim Rettungseinsatz oder am Fährhafen zur Stoßzeit zu. Die Einheimischen lebten schon vor Urzeiten im Rhythmus der Natur, wobei sich dies spätestens mit Erfindung des elektrischen Lichtes änderte. Aber auch das konnte am eigentlichen Wesen der Ostfriesen wenig ändern. Sicherlich gibt es auch hektische Zeitgenossen, aber allgemein nimmt sich der Ostfriese gerne Zeit – und sei es für seine tägliche Tasse Tee. Nicht umsonst nutzt die Autorin den Heimatbesuch bewusst zur Entschleunigung, sei es beim einsamen Deichspaziergang, dem gemütlichen Einkauf ohne meterlange Großstadt-Kassenschlangen oder bei der Gemüseernte im elterlichen Garten.

„Von da oben kommst Du? Dafür bist du aber sehr gesprächig!"

Apropos einsamer Deichspaziergang: Den macht der Ostfriese gerne, weil er dabei nicht sprechen muss. Wenn man dem Klischee glaubt. Die Autorin ist das lebende Gegenbeispiel. Sie redet eigentlich ganz gerne, wie auch viele ihrer Freundinnen. Was sicherlich auch am Geschlecht liegt. Bei den Männern verhält sich das häufig anders, vor allem beim bärtigen Ur-Ostfriesen. Der gilt gemeinhin als sehr verschlossenes Wesen. Aber aus welchem Grund ist dieser oftmals wortkarg? Ist der Wind Schuld, welcher aus falscher Richtung kommend, jedes Wort verschluckt? Dann kann man sich das Sprechen auch gleich sparen. Zudem

„WAT MUTT, DAT MUTT"
Ostfriesische Lebenseinstellung

trägt sicher die harte körperliche Arbeit der vergangenen Zeiten zu dieser Eigenschaft bei, da nach 14 Stunden körperlicher Anstrengung bei Wind und Wetter einfach keine Energie mehr für lange Reden vorhanden war. Zum Thema lange Reden: Der Ostfriese redet nicht lange um den heißen Brei, sondern macht lieber. Wenn bei Sturmflut der Deich brach, war schließlich schnel-

les Handeln nötig. Daher rührt sicherlich auch die Veranlagung zum direkten Aussprechen von Tatsachen. Ostfriesen sagen oft, was andere nur denken. Das kann durchaus bei dem einen oder anderen empfindlichen Zeitgenossen für Unmut sorgen. So hat *Karl Dall* in seiner damaligen TV-Show *Dall-As Roland Kaiser* aus dem Studio vergrault, indem Dall äußerte: „Na, nun sing schon mal, damit wir es hinter uns haben." Der Herr Kaiser hat es dann gleich ganz gelassen und wütend das Studio verlassen.

„NA, NUN SING SCHON MAL, DAMIT WIR ES HINTER UNS HABEN." *Karl Dall zu Roland Kaiser*

„Das ist ja toll, dass Deine Eltern alles selber machen."

Früher waren die Küstenbewohner zwangsläufig Anpacker, die häufig mit sehr ausgeprägtem handwerklichen Geschick und Improvisationstalent beinahe jedes vorhandene Problem lösten. Zu Zeiten, in denen sich noch nicht an jeder Ecke ein Handwerksbetrieb befand und Baumärkte Zukunftsmusik waren, musste sich der Landbewohner zwangsläufig selber helfen. So half er auch seinen Verwandten und Nachbarn, der Zusammenhalt war schon aus praktischen Gründen sehr groß. Dies ist auch heute noch in der Region zu beobachten. Der ostfriesische Familiensinn ist stark ausgeprägt und die Nachbarschaftspflege wird in vielen Siedlungen groß geschrieben. Das Eigenheim mit Garten

gilt als Krönung im Leben des Ostfriesen. Da passt eine große Familie rein und zum Anpacken gibt es auch genug. Zudem kommt es dem ausgeprägten Freiheitssinn der Einwohner entgegen.

Eigenheim und Freiheit, das klingt für viele Stadtmenschen widersprüchlich. Sicherlich bindet ein eigenes Haus den Besitzer an einen Ort. Der räumlichen Flexibilität steht so etwas stark im Wege, was speziell für junge Leute ein Problem ist, die aus beruflichen Gründen heutzutage flexibel sein müssen. Der Ur-Ostfriese ist jedoch so heimatverbunden, dass ein Umzug in das Binnenland nur im schlimmsten Notfall in Frage kommt. Also her mit dem Haus. Dieses bietet insofern Freiheit, als dass der Besitzer sein eigener Herr ist und niemanden um Erlaubnis bitten muss, wenn er die Fensterrahmen passend zur Gartenbank blau streichen will. Zudem kann er nach Feierabend seinen Fernseher so laut aufdrehen wie er will, ohne Beschwerden aus der Wohnung nebenan in Kauf nehmen zu müssen.

Ein weiterer Grund für die Freude am Haus ist sicherlich auch das ausgeprägte Sicherheits- und Sparbedürfnis des Ostfriesen. Da sich die Angst vor der nächsten vernichtenden Sturmflut in den Genen der Küstenbewohner festgesetzt hat, wird jede Möglichkeit zur Vorsorge

genutzt. Die Dichte an Versicherungen und Sparverträgen ist in Ostfriesland überdurchschnittlich hoch – da kommt ein Eigenheim als sichere Geldanlage sehr gelegen.

Aber um noch einmal auf den Begriff der Freiheit zu sprechen zu kommen: Diese hat eine wichtige geschichtliche Bedeutung in der Region. Zugegeben, ein tiefer Ausflug in die ostfriesische Geschichte wird in diesem Buch nicht stattfinden (dafür nehmen Sie sich bitte entsprechende Fachlektüre zur Hand). Aber ein besonderer Begriff, der das Wesen der Einwohner nachhaltig beeinflusste, soll dennoch genannt werden: die *Friesische Freiheit*. Im Hochmittelalter organisierten sich die Friesen in autonomen Landesgemeinden, um sich gegen die Macht auswärtiger Fürsten zu verteidigen. Dies war ein in Europa einzigartiges politisches Modell. Am *Upstalsboom*, einer Versammlungsstätte in der Nähe von Aurich, trafen sich die Ostfriesen zur Beratung. Die dort angelegte Steinpyramide ist bis heute Symbol des Prinzips der Friesischen Freiheit, das sich tief in den Wurzeln der Ureinwohner verankert hat. Die persönliche Freiheit ist bis heute das höchste Gut eines echten Ostfriesen. Und irgendwie ist er auch mächtig stolz, einer zu sein.

„EALA FRYA FRESENA – SEID GEGRÜSST, IHR FREIEN FRIESEN" *Historischer Spruch*

Plattes Land, platte Sprache?

Wie sich der Küstenbewohner verständigt

Zumindest der Name der Sprache, die die Ostfriesen sprechen, lässt diese Vermutung aufkommen: Ostfriesisches *Plattdeutsch* oder Ostfreeske *Plattdütsk*. *Friesisch* wird in der Region schon seit dem 15. Jahrhundert nicht mehr gesprochen, nur einige Nachbarn im Saterland erhalten diese Sprache am Leben. Plattdütsk hat sich aus dem Niederdeutschen entwickelt und hat französische und niederländische Einflüsse, da jeder Besatzer seinen Senf dazugegeben hat. Manchmal klingt es gar wie Englisch. Das Wort *Buddel* zum Beispiel, also Flasche, weist eindeutige Verwandtschaft zum französischen *bouteille* und dem englischen *bottle* auf. Platt unterliegt übrigens keinen einheitlichen Regeln. Mitunter hat Dorf A andere grammatikalische und phonetische Eigenarten als Dorf B, auch wenn nur eine kurze Treckerfahrt dazwischenliegt. Und sogar zwischen Bauer A und Bauer B kann es zu Unterschieden kommen.

„Sag mal was auf Platt, das sprecht ihr doch alle!"

Manch ein Auswärtiger hat beim Küstenbesuch schon vor gewissen Sprachbarrieren gestanden. Wenn sich Ostfriesen auf Platt unterhalten, kann es durchaus schwer werden, etwas zu verstehen – und das selbst für Einheimische. Nur etwa die Hälfte der Ostfriesen beherrscht diese Sprache noch. Gerade die jüngeren Generationen lernen Platt-

Bangbüx!
[Angsthase!]

Fleitjepiepen!
[Ätsch!]

Du büst een Quarkbüdel!
[Du bist ein Schwätzer!]

Holl dien Babbel!
[Halt Deinen Mund!]

Kinners, nee!
Wat sall de Kibbelee?
[Achje! Was soll die Streiterei?]

Eske Ommo *Antke* Jelto **Femke** Tamko Hiel

deutsch nicht mehr automatisch im Elternhaus, Hochdeutsch gilt als Erstsprache. Die Autorin erinnert sich noch gut an die sonntäglichen Besuche bei Ihrer Großtante, bei denen Sie nur die Hälfte der Witze verstand, da ihr Wortschatz nicht ausreichte. Da sie jedoch im Laufe ihrer Zeit im Binnenland immer wieder aufgefordert wurde, „mal was auf Platt zu sagen, das sprecht ihr doch alle!", hat sie sich einige Grundlagen antrainiert. Doch die praktische Anwendung gestaltet sich schwierig, da auch ihr ostfriesischer Freundeskreis hauptsächlich Hochdeutsch spricht. Dies liegt sicher auch daran, dass sie in Ostfriesland als „Städterin" gilt, schließlich kommt sie aus Norden. Die Landbewohner sind häufig noch traditioneller und nutzen Platt aktiv als Alltagssprache.

> „EIN FISCHER VOM PILSUMER WATT, FÄHRT EINMAL IM JAHR IN DIE STADT. UND SAGT IHM DORT EINER: „DER PARKPLATZ IST MEINER", DANN TUT ER, ALS KÖNNT' ER NUR PLATT"
>
> *Jörg Schröder, „100 Limericks über Ostfriesen"*

Vereine wie *Oostfreeske Taal* engagieren sich für eine Bewahrung dieses Kulturgutes. Speziell junge Menschen sollen dazu aufgefordert werden, die Sprache lebendig zu halten. So gibt es inzwischen an Grundschulen Unterricht im Ostfriesenplatt, spezielle Rubriken in der Tageszeitung und gar Werbekampagnen, die Jugendliche beim SMS schreiben auf Platt zeigen.

untke **Okka** Tjark Martje Reik

„Ihr mit Euren komischen Namen, die kann doch keiner aussprechen!"

So rau wie die See klingen oftmals die ostfriesischen Vornamen, aber dafür schön außergewöhnlich – für Nicht-Ostfriesen zumindest. Innerhalb der heimischen Bevölkerung gehört ihr Klang jedoch zum Alltag: *Abbo* und *Ubbo*, *Ocko* und *Focko*, *Helke* und *Frauke*, *Talea* und *Ufkea*. Die Namen sind oft friesische oder niederdeutsche Varianten alter hochdeutscher Namen. *Antje* zum Beispiel ist die friesische Form von Anna, *Frerich* die Kurzform von Friedrich, *Gerrit* von Gerhard. *Telse* ist die niederdeutsche Koseform von Elisabeth und kann mit „dat Elisabethchen" übersetzt werden.

Auch die Nachnamen (*Achternaam*) sind oft sehr speziell. Häufig leiten sie sich aus Vornamen ab: *Janssen* von Jan, *Claassen* von Claas, *Hayen* von Haye, wobei der Name Janssen gefühlt in jeder Straße mindestens dreimal vorkommt, quasi der Müller Ostfrieslands. Auch *Hinrichs* und *Gerdes* stehen auf so manchem Klingelschild. Häufig sind zudem Ableitungen aus Berufsbezeichnungen, auf Platt natürlich. *Schepker* ist der Schäfer, *Kramer* der Kaufmann, *Bleeker* der Bleicher von Leinenstoffen. Auch *Weert Weerts*, *Jan Janssen* und *Coord Coordes* trifft man zuweilen. Der Nachname der Autorin, *Broer*, heißt übersetzt übrigens Bruder.

Moin!
Um diesen Gruß kommt man an der Küste nicht herum.

Moin Dag ist Plattdeutsch und heißt *Schönen Tag*. Damit der Ausdruck 24 Stunden verwendet werden kann, beschränkt man sich auf *Moin*. Das kommt auch der angeblichen Wortkargheit der Bevölkerung sehr entgegen. Die Ostfriesen wünschen sich also gegenseitig einfach einen *Schönen*, sei es nun Morgen, Mittag oder Abend. Wichtiger Tipp: Man sagt diesen Gruß nur einmal und nicht doppelt, sonst gilt man als Schwätzer. *Moin Moin* ist eher in der Hamburger Gegend geläufig. Wer sich also nicht als Auswärtiger outen will, grüßt nur einmal. Aber das zu jeder Gelegenheit.

Gerüchte über gelbe Gummistiefel

Im Kleiderschrank des Ostfriesen

Der **Ostfriesennerz**: Von Flensburg bis Rosenheim ein bekannter Begriff, auch wenn die gelben Gummijacken glücklicherweise nichts mit den niedlichen Tierchen gemeinsam haben. Ursprünglich handelte es sich um Kleidung aus Leinenstoff, die mit Öl imprägniert wurde und daher den Namen *Ölzeug* trug. Sie diente den Seefahrern als Schutz vor Wind und Regen. Die gelbe Farbe sollte zur besseren Sichtbarkeit der Männer in Sturm und Dunkelheit beitragen. Dazu gab es auch einen passenden Hut, **Südwester** genannt, dessen großer, umgeklappter Rand die Kragenöffnung vor dem Regen schützte. Im Laufe der Zeit wurde das Ölzeug durch Kunststoffe ersetzt. In den siebziger Jahren kamen die aus Polyester mit PVC-Beschichtung hergestellten Ostfriesennerze in Mode und wurden bis Mitte der Achtziger mit Begeisterung von Bevölkerung und Besuchern getragen – die passenden quietschgelben Gummistiefel ließen nicht lange auf sich warten.

„Es regnet, hol' mal deinen Ostfriesennerz raus!"

Aber warum denkt auch heute noch die halbe Nation, dass die Ostfriesen diese farblich durchaus gewagte Mode täglich tragen? Da kommen wir wieder auf die Ostfriesenwitze zurück. Diese waren ja, wie auch die Jacken, in den Siebzigern modern. Aufgrund der Witzewelle be-

richteten die Medien verstärkt über die Region. Da zu jener Zeit alle Ostfriesen in Gelb herumliefen, brannte sich dieses auffällige Bild in den Köpfen der Deutschen ein. Schnell wurde die Kleidung zum Markenzeichen der Bevölkerung und wurde zudem von Tourismusverbänden zu Werbezwecken eingesetzt. In den nachfolgenden Jahrzehnten war die typische Kleidung bei Küstenbewohnern verpönt. Aber langsam kommt das klassische Gelb wieder als Alltagsfarbe in Mode.

Da jedoch der Wind an der Küste noch genauso kräftig wie in den Siebzigern weht, ist der Bedarf an entsprechender Kleidung nach wie vor groß. Diese ist allerdings aus synthetischen Materialien und auch lange nicht mehr nur Gelb. Ob Rot, Grün, schlichtes Weiß oder Marineblau, mit Mustern oder gar Comicfiguren versehen: Fernab vom Quietschgelb lässt es sich gut bei Sturm aushalten. Auch das „Touristen-Must-Have" für den Küstenbesuch, der Gummistiefel, hat sein Erscheinungsbild stark verändert. Ob gestreift, gepunktet, blau, grau oder mit Blümchen-Dekor: Besonders Kinder kommen bei der Auswahl voll auf ihre Kosten. Tja, an den kursierenden Gerüchten über Ostfriesen in gelben Gummistiefeln ist also nur teilweise etwas dran, liebe Binnenländer.

„Du mit deinem Ostfriesen-Style, so bist Du halt."

Der Ostfriese gilt gemeinhin als unmodisch. Ein heikles Thema. Wie bereits erwähnt, hat der Ureinwohner über Jahrhunderte hinweg nur erschwerten Zugang zu den Dingen aus dem Binnenland gehabt. Das hat sich inzwischen zwar geändert, aber trotzdem kommen die neuesten Trends aus Paris und Mailand nur schleppend an die Waterkant. Oder hat die Bevölkerung einfach keinen Sinn für feine Zwirne?

Zuallererst wurde die Autorin auf dieses „Problem" aufmerksam, als sie, noch in Norden lebend, mit zwei Zugezogenen konfrontiert wurde. Der eine kam aus dem Rheinland, der andere aus Berlin. Beide waren stets ziemlich schick gekleidet – im Gegensatz zu den Ostfriesen, wie sie nachhaltig betonten. Es folgten regelmäßige Beschwerden über das Erscheinungsbild der Einheimischen. Als die Autorin kurze Zeit später Norden verließ und in das „große" Bremen zog, fiel dort auf, dass sie irgendwie nicht so modevernarrt wie ihre Kolleginnen war. Diese kritisierten sie hin und wieder liebevoll: „Du mit deinem Ostfriesen-Style, so bist Du halt." Es klang nicht wie ein Kompliment. Dabei ist es ganz einfach: Ostfriesen sind nicht per se unmodisch, sondern einfach praktisch angezogen. Küstenmode nach dem Motto „form follows function".

Dafür verantwortlich sind mitunter zwei Dinge: Zum einen das Wetter, zum anderen die Tatsache, dass jahrhundertelang schwer geschuftet werden musste und dabei High-Heels doch eher hinderlich gewesen wären. So hat sich in der Bevölkerung eine Kultur der praktischen Kleidung entwickelt und eingebrannt. Liebe Städter-Damen, haben Sie sich schon mal mit Röckchen und mühevoller Föhnfrisur bei Windstärke 8 auf den Deich gestellt? Nein? Dann tun Sie das bitte mal, vergessen aber das Vorher-Nachher-Foto

> „ICH UND MEIN MIKROFON, WIR HATTEN UNS SO SCHÖN FRISIERT HEUTE MORGEN – ALLES UMSONST!"
>
> *Moderatorin Ina Müller bei Sturm im Watt*

nicht. 1. Ihre Frisur, für die Sie eine halbe Stunde Zeit zum Herrichten gebraucht haben, wird innerhalb von drei Minuten völlig zerzaust sein. 2. Sie werden sich, was den Rock betrifft, wie Marilyn Monroe fühlen. 3. Sie werden frieren, aber richtig. Danach brauchen Sie dringend eine Tasse heißen Tee mit **Kluntje** und Sahne, und da dieser Kalorien hat, wird der Rock auch bald nicht mehr gut sitzen.

Da die Ostfriesen entgegen vieler Behauptungen nicht dumm, sondern außerordentlich praktisch veranlagt sind, ziehen sie sich einfach dem Wetter entsprechend an. Windjacke, Jeans, Turnschuhe, Pferdeschwanz oder Kurzhaarfrisur sind ihre treuen Begleiter im Kampf gegen Regengüsse und die steife Nordseebrise. Einer der Lieblingssätze der

Einwohner ist daher auch: „Es gibt kein schlechtes Wetter, es gibt nur schlechte Kleidung."

Ein weiterer Klassiker unter der Küstenmode ist das **Ruuntje**. Dies ist ein blaues Hemd mit weißen Streifen und kleinem Stehkragen, welches den Seefahrern und Hafenarbeitern als Arbeitskleidung diente. Ruuntjes gibt es heute vorwiegend in Souvenirläden zu kaufen – allerdings auch in Varianten, die fernab von Hafenarbeiter-Maßen liegen, zum Beispiel als Baby-Kleidchen mit Rüschen. Des Weiteren finden sich hin und wieder historische Gewänder in den Kleiderschränken der Ostfriesen. Diese werden heutzutage nur noch von einigen Vereinen zu besonderen Anlässen getragen. Zum Beispiel von der *Norder Danzkoppel*, einem Volkstanzverein. Die Tänzer tragen zu ihren Auftritten Kleider nach dem Vorbild der Garderobe der *Theelachtsbauern* von 1640. Die Theelacht ist eine im 9. Jahrhundert in Norden gegründete Bauerngenossenschaft, die auch heute noch existiert und zu den ältesten Vereinen der Welt zählt. Die Vereinsfarben Blau, Rot und Weiß spiegeln sich in der Kleidung wider, Schultertuch und Schürze sind aufwendig bestickt. Vielleicht sollte die Autorin bei ihrem nächsten Besuch in Bremen einfach mal so etwas tragen.

Lecker Pinkel!

Auf dem Teller und in der Tasse des Ostfriesen

Klingt ja schon etwas unappetitlich, schmeckt aber vorzüglich! *Pinkel* ist eine grobe, geräucherte Grützwurst. Sie wird zu *Grünkohl* gegessen, einer der Lieblingsspeisen der Ostfriesen. Dieser wird auch in anderen norddeutschen Regionen verzehrt, fehlt aber im Winter auf keiner ostfriesischen Tafel und schmeckt besonders nach dem **Boßeln** gut. Und auch zu **Updrögt Bohnen**, einem Eintopf aus getrockneten Bohnen, wird sie gereicht. Aha, Ostfriesen essen also auch etwas, das nicht aus der See kommt?

„Ihr Küstenkinder esst doch nur Fisch."

Selbstverständlich isst der Ostfriese überdurchschnittlich viele Meerestiere, kein Wunder, wenn ihm diese quasi auf den Teller schwimmen. Ob Scholle, Makrele oder Miesmuscheln, Seezunge, Hering oder dessen jungfräuliche, eingelegte Version, der **Matjes**, ob als warme Hauptspeise oder praktisch im Brötchen: Die Auswahl an Leckereien aus der See ist vielfältig. Großer Beliebtheit erfreut sich auch der **Granat**. Dies sind Nordseegarnelen, die noch auf dem Fischkutter in Seewasser gekocht werden. Im Touristenjargon wird der Granat auch als *Krabbe* bezeichnet, was Einheimische aber sogleich korrigieren. Diese puhlen die Tiere auch selber, lösen also das Fleisch von der Hülle. Das ist eine Tätigkeit,

die Geduld und Übung verlangt und so manchem hungrigen Zeitgenossen den Nerv rauben kann. Aber die Mühe lohnt sich. Fangfrischer Granat mit einer Prise Salz auf einem gebutterten Stück Schwarzbrot, dazu gerne ein Rührei: Diese einfache, aber köstliche Spezialität sollte man sich nicht entgehen lassen.

Der Speiseplan des Ostfriesen ist aber gewiss nicht nur auf Fisch beschränkt. Er isst auch gerne Fleisch. Und Eintöpfe. Und Süßes. Hauptsache schön deftig. Schließlich musste er vor Urzeiten schwer schuften und sich mittels Speckschicht vor dem kalten Wind und Sturmfluten schützen. Wahrlich sind die Gerichte nicht jedermanns Geschmack, da sie oft recht einfach, aber sehr gehaltvoll sind. Es werden ursprüngliche Zutaten verwendet, die vor Jahrhunderten den Einwohnern als Nahrungsgrundlage dienten. Viele Küstenbewohner waren Selbstversorger. Es

„ICH ESSE LINSEN, IHR ESST FLEISCH, DOCH RIECHEN TUT MAN'S NICHT, OH NO, DENN DER WIND WEHT KRÄFTIG HINTERM DEICH"

Otto Waalkes im Lied „Friesenjung"

kam auf den Tisch, was Acker, Stall oder eben die Nordsee hergaben – und das war manchmal auch nicht viel. Einfache Gerichte aus wenigen Zutaten, gerne als Eintopf zubereitet (früher wurde in einem Topf über der Feuerstelle gekocht), kamen regelmäßig auf den Tisch. Mitunter klingen die ostfriesischen Gerichte mit ihren plattdeutschen Namen

wie komische Zungenbrecher, wie zum Beispiel *Wuddels dörnanner* (Möhreneintopf), *Roggenmehlflupp mit Melk darupp* (Roggenmehlbrei), *Soltfleesk mit Sinbohntjestipp* (Pökelfleisch mit Rosinensoße), *Kruudstuutjes* (Anisbrötchen) oder *Bookweitenschubbers* (Buchweizenpfannkuchen).

Der Ostfriese hat zudem eine besondere Vorliebe für Hülsenfrüchte. Die anfangs genannten *Updrögt Bohnen* sind nicht nur ein Gaumenschmaus, sondern auch noch ein besonderer Hingucker, der immer wieder in ostfriesischen Küchen, Garagen oder Gartenhäuschen zu sehen ist. Die grünen Bohnen, eine spezielle Sorte namens *Speckbohnen*, werden in einer Reihe auf Band gefädelt und zum Trocknen aufgehängt. Dabei verlieren sie ihre Farbe und werden leicht gelblich. Nach einigen Wochen werden sie mit Kartoffeln und Speck zu einem Eintopf gekocht. Dieses Rezept stammt aus Zeiten, in denen das Haltbarmachen der Ernte nicht so einfach war wie heute in der Ära der Tiefkühltruhen. Ein anderes typisches Gericht sind die **Insett Bohnen** oder auch *Schnippelbohnen*, bei dem in Salz eingelegte Hülsenfrüchte zum Einsatz kommen.

Eine weitere Spezialität, die nicht aus der See stammt, ist der sogenannte **Snirrtjebraa**. Dabei handelt es sich um schlachtfrisches, kleinge-
schnittenes Schweinefleisch, das gebraten mit Kartoffeln und Rotkohl,
süßsaurem Kürbis und eingelegter Roter Beete serviert wird. Zu Zeiten,
in denen noch Hausschlachtungen üblich waren, wurde den Helfern
als Dank ein Mahl aus den Schlachtresten gekocht. Klingt schon wieder
wenig appetitanregend, aber heutzutage kommen keine Reste auf
den Tisch. *Snirrtje* kommt übrigens vom Plattdeutschen *snirren*, was
brutzeln bedeutet.

Um die Liste der kalorienreichen Gerichte zu vervollständigen, sind
noch **Speckfetten Grau Arvten** und **Labskaus** zu nennen. Labskaus,
ein altes Seefahrergericht, das auch in anderen nordischen Gefilden
Tradition hat, besteht aus gepökeltem Rindfleisch, Kartoffeln, Zwiebeln, Matjes, Roter Beete und Gewürzgurken. Ein Spiegelei bildet die
Krönung. Erstmals im 17. Jahrhundert erwähnt, wurden die Zutaten
gekocht und püriert, da viele Seefahrer aufgrund von Skorbut schmer-
zende Zähne hatten und gerne Weiches aßen. Man darf sich nicht durch
das Erscheinungsbild des Gerichtes abschrecken lassen, Farbe und
Konsistenz erinnern durch das Pürieren zuweilen an bereits Gekautes.
Trotzdem ist es ein Schmaus für jeden, der es deftig mag. Apropos def-

tig: Wie der Name vermuten lässt, bilden Speckfetten Grau Arvten die Krönung unter den ostfriesischen Gerichten. Grau Arvten sind graue Erbsen, die es in Ostfriesland in jedem Landhandel gibt. Sie werden zwölf Stunden in Wasser eingelegt und mit Porree, Möhren, Speck und Zwiebeln zubereitet. Hierzu empfiehlt sich, wie auch zu anderen bereits genannten gehaltvollen Gerichten, ein **Söpke**. Dies ist ein klarer Schnaps, der die Verdauung anregen soll. Und das Gemüt.

„Klütje? Wir nennen das Germknödel!"

Um die Vegetarier und Süßmäuler nicht zu kurz kommen zu lassen, gibt es den *Karnmelksbreei* sowie den **Klütje**, auch *Mehlpüt* genannt. Der Klütje ist das, was für den Süddeutschen der Germknödel: ein Hefe-kloß, der über Wasserdampf gegart wird. Er ist aber im Gegensatz zum Germknödel nicht gefüllt, stattdessen werden zumeist eingekochte Birnen (*Beernstipp*) und Vanillesoße darüber gegeben. Karnmelksbreei ist ein Brei aus Graupen und Buttermilch. Diese beiden Zutaten standen früher regelmäßig auf dem Speiseplan, so wuchsen Gerste und Weizen, aus deren Körnern Graupen „geschliffen" werden, reichlich in der Region. Die saftigen grünen Wiesen Ostfrieslands wiederum boten beste Bedingungen für die Haltung von Milchvieh.

„Ihr trinkt doch alle nur Tee da oben!"

Auch wenn sich bis hier viele Vorurteile wirklich als solche erwiesen, verhält es sich beim Tee anders. Schwarzer Tee ist in der Region auch heute noch das Traditionsgetränk schlechthin. Natürlich gibt es auch Kaffee und dessen abenteuerliche Varianten, aber nichts geht dem Ostfriesen über seinen Tee. Mehrmals täglich genießt er diesen. Nicht umsonst ist er Weltmeister im Verzehr des Heißgetränkes. Durchschnittlich eine dreistellige Literzahl trinkt er pro Jahr – der Bundesdurchschnitt liegt bei lauen 26 Litern, mitsamt aller Früchte- und Kräutertees sowie sonstigen Sorten.

Allerdings wird in Ostfriesland nicht einfach irgendein schwarzer Tee getrunken, und vor allem nicht irgendwie. Erst einmal benötigt man die *Echte Ostfriesenmischung*. Diese besteht hauptsächlich aus kräftigem *Assam* und ist, je nach Händler, mit anderen Schwarztee-Sorten gemischt, zum Beispiel *Ceylon* oder *Darjeeling*. Die großen Teehandelshäuser in Leer (*Bünting*), Emden (*Thiele*) und Norden (*Onno Behrends*) haben ihre eigenen, geheimen Mischungen, die genau auf den ostfriesischen Gaumen abgestimmt sind. Dieser mag es nämlich gerne kräftig. Nun zum eigentlichen Prozedere, der Teezeremonie:

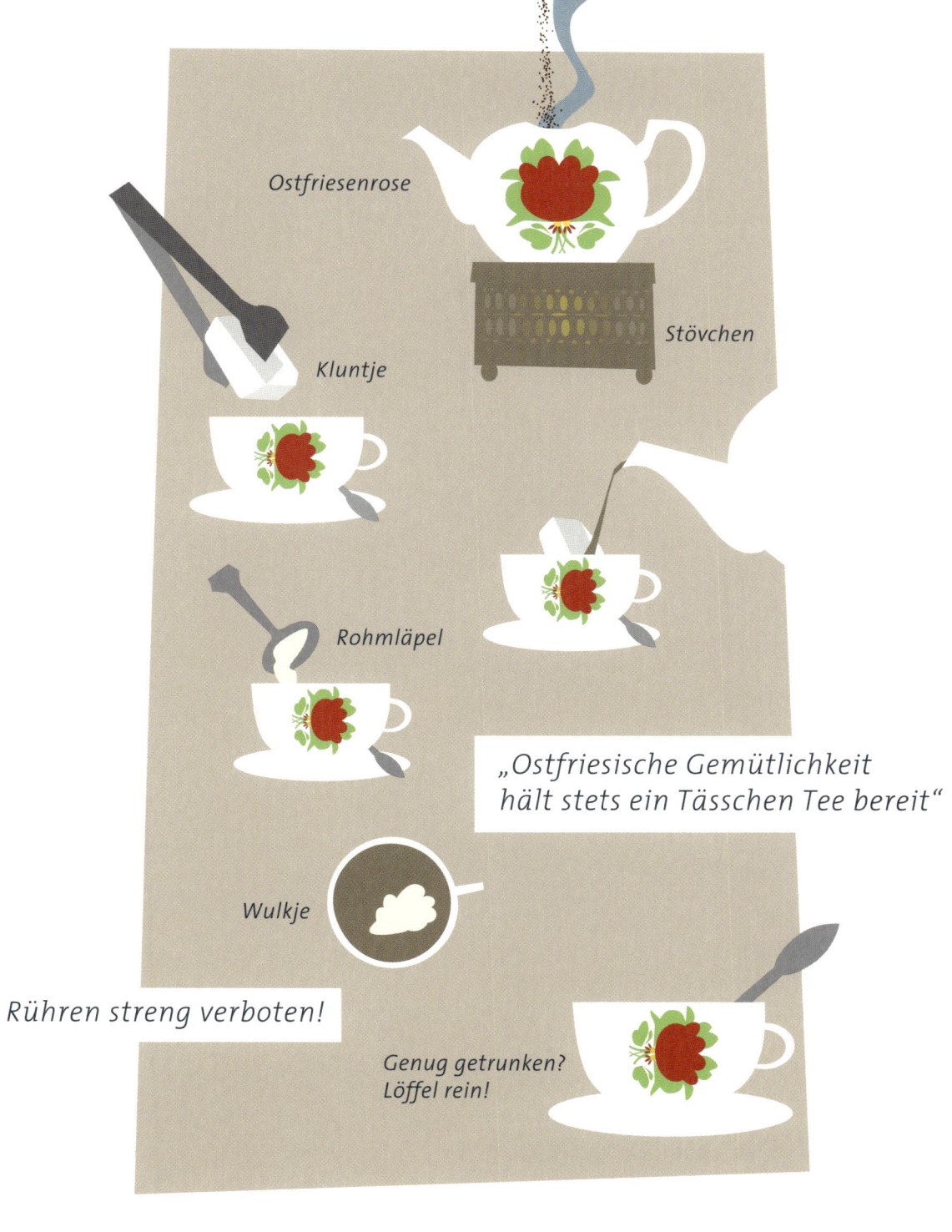

Ostfriesenrose

Stövchen

Kluntje

Rohmläpel

„Ostfriesische Gemütlichkeit
hält stets ein Tässchen Tee bereit"

Wulkje

Rühren streng verboten!

Genug getrunken?
Löffel rein!

Benötigt wird feines ostfriesisches Porzellan, welches mit der **Ostfriesenrose** oder dem Dekor **Friesisch Blau** verziert ist. Das Geschirr ist sehr empfindlich und wirkt in der Hand eines groben Seemanns schon fast fehl am Platz. Die losen Teeblätter werden in eine vorgewärmte Kanne gegeben, je ein Löffel pro gedeckter Tasse. Nun wird sprudelnd kochendes Wasser eingefüllt, so dass die Blätter eben bedeckt sind. Das Wasser muss möglichst „weich", also kalkfrei sein, so wie das Leitungswasser in Ostfriesland ist. Nur damit wird der Tee wirklich zum Genuss. Während der Aufguss 3 bis 5 Minuten auf einem *Stövchen* mit Kerze zieht, gibt man mit einer Zange ein Stück **Kluntje**, auch *Kandis* genannt, in die Tasse. Dies ist kandierter Zucker in Brockenform, der sich nur langsam auflöst. Ist die Ziehzeit vorüber, wird die Kanne mit kochendem

„EIN WINTER OHNE SCHNEE IST WIE EINE TASSE OHNE TEE"
Ostfriesische Weisheit

Wasser entsprechend der Tassenzahl aufgefüllt. Wird nun der Tee in die Tassen gegeben, knistert der Kluntje leise – Musik in den Ohren eines jeden Ostfriesen. Jetzt legt man mit einem speziellen Löffel, dem *Rohmläpel*, einen Klecks Sahne, das **Wulkje** (Wölkchen), auf den Tee. Dabei wird der Löffel gegen den Uhrzeigersinn bewegt, um sinnbildlich die Zeit anzuhalten. Schließlich ist das Teetrinken für den Ostfriesen ein Ritual der Besinnung und Ruhe. Und nun bloß nicht den Fehler machen und umrühren. Das ist strengstens verboten! Nur so kann sich beim

Trinken der sogenannte *Dreiklang* entfalten: Erst die Milde der Sahne, dann die Herbe des Tees und letztlich die Süße des Kluntjes. Sobald der Teetrinker kein weiteres **Koppke** (Tasse) vom Gastgeber nachgeschenkt bekommen möchte, legt er den Teelöffel in die Tasse. Irgendeinen Sinn muss der Löffel ja haben, wenn damit schon nicht gerührt werden darf. Wobei es heißt „Dree Koppkes sünd Ostfreesenrecht" – drei Tassen sollte sich also jeder genehmigen. Eine echte ostfriesische Zeremonie kann man übrigens in den Teemuseen in Norden und Leer miterleben.

Aber woher kommt diese Leidenschaft für den schwarzen Tee? Im 18. Jahrhundert fand er durch die Handelsbeziehungen zwischen den Niederlanden und Fernost den Weg nach Ostfriesland. Zunächst den Wohlhabenden als Medizin gegen Magen-Darm-Probleme dienend, wurde er bald zum Volksgetränk. Das Trinkwasser war zu damaligen Zeiten von solch schlechter Qualität, dass es pur kaum zu genießen war. Es wurde viel Bier und Buttermilch verzehrt, bis der rettende geschmacksgebende Tee kam. Mit einem Klecks Rahm und Zucker hatte er auch einen sättigenden Effekt und diente dem Bauern als Mahlzeit während der Schufterei. Auch wenn dies bei unseren heutigen Lebensgewohnheiten nicht mehr nötig ist, heißt es aber immer noch: „Ostfriesische Gemütlichkeit hält stets ein Tässchen Tee bereit!".

Ostfriesische Ge(p)flogenheiten

Traditioneller Zeitvertreib

Ob *Boßeln*, *Bogenmachen* oder *Puppvisit*: Der traditionsbewusste Ostfriese pflegt stolz die Bräuche seiner Region. Dabei steht zumeist das
gesellige Beisammensein im Vordergrund, auch wenn dies nicht immer
an die große Glocke gehängt wird.

„Warum müsst ihr mitten auf der Straße so komische Sachen machen?!"

Der Ostfriese wirft gerne Dinge über Straßen und Felder – und zwar alle
erdenklichen Dinge. Von Kugeln über Besen bis hin zu Gummistiefeln,
sogar fliegende Wärmflaschen will man auf den Straßen der Region
gesehen haben. Verkehrsteilnehmer sollten sich also in Acht nehmen,
man weiß nie, was einem als nächstes entgegenfliegt.

Als „Nationalsportarten" und Weitwurf-Königsdisziplinen gelten das
Boßeln sowie das ***Klootschießen***, wobei letztgenanntes um einige
Jahrhunderte älter und anspruchsvoller ist. Beides sind Mannschafts-
sportarten, bei denen Kugeln mit möglichst wenigen Würfen eine
festgelegte Strecke überwinden sollen. Klootschießen spielt sich zumeist im Winter auf gefrorenen Feldern und Wiesen und mit einem
„Sprungbrett" für den richtigen Schwung ab, geboßelt wird laufender-
weise auf öffentlichen Straßen.

„Was macht ihr? Kloschießen?!?"

Keine Sorge, so verrückt sind wir dann doch nicht. Es heißt *Klootschie-ßen*. Zugegeben, der Name klingt schon etwas eigenartig. Er stammt vom niederdeutschen Wort *Kluten* ab, was soviel wie Erdklumpen bedeutet. Genaue Belege für die Wortherkunft fehlen, aber es wird vermutet, dass früher einfach Erdklumpen geworfen wurden. Heute besteht der Kloot aus mit Blei gefülltem Hartholz. Boßelkugeln – traditionell aus Holz gefertigt – sind heute zumeist aus Gummi oder Kunststoff.

Zahlreiche Vereine mit kuriosen Namen wie *He löpt noch* (Er läuft noch) oder *Flott weg* ziehen an den Wochenenden über die weiten Straßen Ostfrieslands. Schilder mit Warnhinweisen sollen die Autofahrer auf das fliegende und laufende Gefahrgut einstellen. Neben den Profis, die gar bei Europameisterschaften antreten (geboßelt wird auch in Schleswig-Holstein, den Niederlanden, Irland und Italien, also da, wo es flach ist), fröhnen im Winter auch gerne Laien diesem Sport. Ob beim

„HERR EILTS ÜBERSAH NAHE HOLTE, ALS ER ÜBER DIE STRASSE GEH'N WOLLTE, DEN WINKENDEN TROSS UND DAS BOSSELGESCHOSS, DAS SCHMERZHAFT VOR'S SCHIENBEIN IHM ROLLTE"
Jörg Schröder, „100 Limericks über Ostfriesen"

50

Betriebsausflug, mit der Nachbarschaft oder dem Turnverein: Als Begleiter darf keinesfalls ein prall mit alkoholischen Getränken gefüllter Bollerwagen fehlen. Endstation des Spiels ist ein Gasthof, in dem neben weiteren alkoholischen Getränken eine ordentliche Portion Grünkohl auf die Sportler wartet. *Kohlfahrt* nennt man dieses Event. Da aber immer nur Kugeln werfen irgendwann langweilig wird, gibt es alternative Disziplinen wie den *Gummistiefel-* oder *Wärmflaschenweitwurf*. Beim traditionellen **Struukbessensmieten** (Strauchbesenschmeißen) wiederum werden Besen aus Birkenreisig geworfen. Aber auch das bloß nicht zu trocken!

„Ist das normal, dass da Socken am Haus hängen?"

Dass in Ostfriesland gerne Bohnen aufgehängt werden, wissen wir ja bereits. Aber auch vor leeren Zigarettenschachteln und gar alten Socken schrecken die Einwohner nicht zurück. Regelmäßig zieren diese als kunstvoll drapierte Girlanden, im Fachjargon *Kränze* genannt, Häuser und Zäune. Was hat es damit auf sich? Unverheiratete Bürger, die ihren 25. Geburtstag feiern, werden in der Region als **Alte Socken** (Männer) und **Alte Schachteln** (Frauen) bezeichnet. Damit auch bloß jeder aus der Umgebung diese Tatsache mitkriegt (zur Partnervermitt-

lung sozusagen), beginnen Familie und Freundeskreis bereits Monate vorher mit dem Sammeln der Utensilien. Mühevoll aufgefädelt, wird der Kranz am Haus des Geburtstagskindes befestigt. Zum „Dank" für die Mühen erwarten die Macher einen Söpke. Und nicht nur einen. Endlich haben Löcher in den Socken einen Sinn! Zum 30. Geburtstag dürfen ledige Herren dann Treppen fegen und Damen Klinken putzen. Zugegeben, dieser Brauch stammt ursprünglich aus Bremen. Gefegt und geputzt wird publikumswirksam vor dem Rathaus, was zuvor vom Freundeskreis in der Zeitung angekündigt wird [*Meine Freunde, dies ist keine Aufforderung!* Anm. der Autorin]. Da der Jubilar zum 25. Geburtstag schon keine Braut gefunden hat, muss es doch jetzt mal klappen. Fegen darf der Herr dann wahlweise Kronkorken, Konfetti oder irgendetwas anderes Kleinteiliges – und manchmal auch nur mit einem Pinsel. Von dieser harten Aufgabe erlösen kann ihn nur der Kuss einer Jungfrau. Das darf im Notfall auch die zweijährige Nichte sein.

Neben den Socken-Kränzen schmückt auch immer ein **Bogen** den Hauseingang oder Vorgarten des Geburtstagskindes. Hierbei handelt es sich um ein Holzgerüst, welches ebenfalls von Familie, Freunden oder den Nachbarn mit Tannengrün und selbstgebastelten Papierblumen geschmückt wird. Ein am Gerüst angebrachtes Schild verrät den Anlass des Bogens, da diese Tradition in verschiedensten feierwürdigen Situationen in Erscheinung tritt. Ob zum Einzug in das neue Heim, zur Hochzeit (von der Grünen bis zur Gnaden-Hochzeit), diversen besonderen Geburtstagen (begonnen mit dem Achtzehnten), bestandenen Meisterprüfungen und so weiter. Der Grund für die Popularität dieses Brauches ist nicht zuletzt, dass die Herstellung des Bogens ein sehr geselliges Unterfangen ist. Bier, Schnaps sowie Klatsch und Tratsch dürfen dabei nicht fehlen.

„Sowas Hartes schon um Elf – ihr Ostfriesen seid schon merkwürdig.“

Da könnte man glatt zu dem Vorurteil kommen, dass Ostfriesen immer einen Anlass suchen, um ordentlich einen zu trinken. So wird nämlich auch die Geburt eines Kindes als guter Grund für ein Likörchen angesehen. Doch nicht irgendein Likör wird hier verköstigt, nein, wenn, dann schon ein deftiger: die **Sinbohntjesopp** oder auch **Kinnertöön** genannt. Klingt schon wieder nach Bohnen, hat aber nicht wirklich etwas mit der Hülsenfrucht zu tun. *Sinbohntje* ist das plattdeutsche Wort für Rosine. Diese werden von den künftigen Eltern zusammen mit Branntwein und Kluntje in einem verschließbaren Gefäß angesetzt, und das am besten schon einige Wochen vor der Niederkunft. Schließlich sollen die Rosinen genug Zeit haben, um sich ordentlich mit der Alkohol-Zucker-Lösung vollzusaugen. Letztlich wird der Likör von Freunden und Verwandten bei der **Puppvisit** getrunken beziehungsweise gelöffelt. *Pupp* ist das Baby, *Visit* der Besuch und gemeint ist die offizielle Begrüßung des Neugeborenen im Hause der Eltern. Die Autorin hatte nach der Geburt ihrer Nichte das Glück, aufgrund einer Mandeloperation auf den Schluck verzichten zu dürfen. Bei der Visit der Zwillinge ihrer besten Freundin hatte sie jedoch vormittags um elf keine Ausrede parat. **Elführtje** ist übrigens der Oberbegriff für ein vormittägliches Trinkpäuschen im Leben des Ostfriesen, bei dem Schnaps oder Tee auf den Tisch kommt. Kleiner Tipp: Wenn Sie die Sinbohntjesopp gerne mal probieren möchten, aber grad kein Neugeborenes in der Nähe ist, gehen sie einfach ins Eiscafé oder in die Konditorei. Speisen wie der *Ostfriesenbecher* oder die **Ostfriesentorte** werden ebenfalls mit der Spezialität verfeinert.

Prost!

Schiffe, Schlitten und Stöcke

Wie sich der Ostfriese fortbewegt

Wo Wasser ist, da sind auch Boote. Ob Fischkutter, Segelyacht, Platt-bodenschiff oder Autofähre: Die Fortbewegung auf See ist vielfältig.

Touristen machen zumeist ihre erste Bootserfahrung auf einer Fähre zu den ostfriesischen Inseln. Das ist allerdings nicht bei allen Eilanden rund um die Uhr möglich. Die Abhängigkeit von der *Tide*, also *Ebbe* und *Flut*, erlaubt beispielsweise die Fahrt nach Juist nur einmal täg-lich. Nach Norderney wiederum ist eine Fahrrinne mit konstantem Wasserstand ausgebaut, um eine Überfahrt im Stundentakt zu gewährleisten. Das ist nicht nur für Urlauber, sondern ebenso für Berufspendler oder Schüler, die auf dem Festland zum Beispiel das Gymnasium besuchen, ein großer Vorteil.

„EINE SEEFAHRT DIE IST LUSTIG, EINE SEEFAHRT DIE IST SCHÖN, JA DA KANN MAN MANCHE LEUTE AN DER RELING SPUCKEN SEH'N" *Volkslied*

Aber auch auf den Gewässern im Binnenland will sich der Ostfriese bewegen, wenn auch heute nicht mehr zwingend so, wie vor hundert Jahren. Früher wurden Rohstoffe auf den Kanälen transportiert, wie zum Beispiel Torf aus den Mooren. Wenige sogenannte *Torfkähne* existieren heute noch, werden aber nur noch als Ausflugsboote eingesetzt, wie zum Beispiel in Berumerfehn. In den Fischerdörfern wie Ditzum oder Greetsiel sorgen *Kutter* für das nötige maritime Flair. Historische Schiffe befinden sich in den Museumshäfen in Leer und

Emden, wo Besucher sie auf und unter Deck erkunden können. Auf dem *Feuerschiff* im Emder Hafen kann man sich sogar das Ja-Wort geben.

Gerne treiben sich sportbegeisterte Menschen auch auf Surfbrettern auf der See herum. Dies dient sicherlich eher der körperlichen Ertüchtigung als der Fortbewegung, ist aber gerade im Sommer ein alltägliches Bild auf dem Wasser, wenn es denn gerade mal da ist. Ebenso wichtig ist der Wind, ohne den man nur schwer von der Stelle kommt, ob nun beim Wind- oder Kitesurfing. Bei Letzterem wird man von einem Drachen gezogen.

„Und, machst Du 'ne schöne Bootsfahrt am Wochenende?"

Auch wenn die Autorin diese Frage schon des Öfteren gestellt bekam: Für viele Ostfriesen stehen Fahrten auf dem Wasser nicht auf der Tagesordnung. Zur Fortbewegung im Alltag steht das Fahrrad ganz oben auf der Beliebtheitsskala. Mangels U-Bahnen und Bussen im 5-Minuten-Takt greift der Ostfriese gerne zum Rad. So ist er flexibel, kostengünstig und umweltfreundlich unterwegs. Außerdem ist das Land so wunderbar flach, dass es sich zumeist ohne Gangschaltung fahren lässt. Außer man radelt gegen den Wind, was mitunter eine

schweißtreibende Angelegenheit sein kann. *E-Bikes*, also mit Elektromotor unterstützte Räder, erleichtern heutzutage den Kampf gegen den Wind. Verkaufsschlager in der Region ist das Modell namens **Hollandrad**. Wie der Name vermuten lässt, handelt es sich um ein speziell für das Flachland geeignetes, sehr gemütliches Vehikel. Ein Mountainbike macht auch höchstens beim Überwinden des Deiches einen Sinn.

Bei längeren Strecken, wenn es zum Beispiel aus dem Dorf in die Stadt geht, muss zumeist das Auto herhalten. So ist ein Kleinwagen ein beliebtes Geschenk zum achtzehnten Geburtstag, damit die Eltern ihre Kinder nicht täglich herumchauffieren müssen. Vor der Volljährigkeit bewegt sich der Ostfriese häufig auf dem Mofa oder dem Motorroller und misst seine Racing-Kräfte mit Kumpels rund um den Treffpunkt im Dorf. Auf den ostfriesischen Inseln kommt man jedoch weder mit Mofa noch Auto voran. Bis auf Borkum und Norderney sind die Eilande aus Umweltschutzgründen autofrei, Ausnahmen gelten für Rettungsfahrzeuge, Trecker und Baumaschinen. Neben Elektrofahrzeugen sind Pferdekutschen und Planwagen alltägliche Transportmittel und werden als **Inseltaxen** bezeichnet. Wichtiges Beförderungsmittel sind zudem auf Schienen laufende Inselbahnen, die auf Spiekeroog sogar von Pferden gezogen werden. Gepäck und Kleinkinder wiederum werden häufig in Bollerwagen transportiert. Oftmals sind auf Ostfrieslands Straßen auch Traktoren und Mähdrescher anzutreffen, gerne mit prall gefülltem Anhänger. Beide dienen sicherlich nicht der Personenbeförderung, sondern sind Arbeits- oder Zugmaschinen. So manch ein Autofahrer erlitt schon einen Nervenzusammenbruch hinter diesen durchweg im gefühlten Schneckentempo kriechenden Gefährten. Bei ständigem Gegenverkehr helfen auch die „Trecker überholen erlaubt"-Schilder nichts. Besonders reizvoll ist die Fahrt hinter einem Güllewagen – vor allem, wenn man im offenen Cabrio sitzt.

Mitunter etwas dreckig geht es auch beim *Schlickrutschen* zu, wobei dies nicht auf der Landstraße, sondern im Wattenmeer stattfindet. Zum Glück ist auch keine Gülle im Spiel. Gerutscht wird auf sogenannten **Kreiern** aus Holz, unter Laien auch *Schlickschlitten* genannt. Der Fahrer legt ein Knie auf den Kreier, umschließt mit seinen Händen den Griff und stößt sich mit dem freien Bein ab. Ursprünglich dienten die Schlitten den Wattfischern zum Erreichen ihrer Reusen und zum Transport des Fanges. Heute wird kaum noch auf diese Art gefischt, da der bessere Ertrag nur auf hoher See zu erzielen ist. Dennoch ist das Kreierrutschen eine Tradition, die gepflegt wird. Einmal jährlich

finden in *Upleward* die Weltmeisterschaften im Schlickschlittenrennen statt. Mehrere Teams messen ihre Kräfte in dieser „Sportart", wobei die Teilnehmer schon nach kurzer Zeit farblich nicht mehr vom Schlick zu unterscheiden sind. Trotzdem ist eine Menge Spaß garantiert, für die Sportler wie auch die Zuschauer am Festland. Nicht umsonst wird dieses Ereignis auch als *Formel 1* Ostfrieslands bezeichnet.

Eine weitere, besonders außergewöhnliche Fortbewegungsmöglichkeit ist das **Pultstockspringen**. Die Moore im Binnenland werden von zahlreichen kleinen Entwässerungsgräben durchzogen. Um diese zu überwinden, bedient sich der Ostfriese eines langen Stockes, mit dessen Hilfe er sich über den Graben schwingt. Der drei bis vier Meter lange *Pult* wird in die Mitte des Wassergrabens gesteckt, wobei eine Scheibe an dessen Ende das Einsinken in den schlammigen Grund verhindert. Mit der richtigen Portion Schwung befördert die Hebelwirkung den Ostfriesen über das nasse Hindernis – hoffentlich. Ein unfreiwilliges Bad im kühlen Nass kann ungeübten Personen die Freude an diesem „Sport" mitunter verderben. Da heutzutage kaum noch auf diese Überwindungsmöglichkeit zurückgegriffen werden muss, wird die Tradition ebenfalls in regelmäßigen Wettbewerben am Leben gehalten.

Besuch mal den Wall!

Das Küsten-Kulturangebot

Auch wenn dieses Kapitel mehr mit der Umgebung des Ostfriesen als mit seinem Wesen zu tun hat: Der Autorin liegt es am Herzen, ein hartnäckiges Vorurteil zu entkräften.

„Ach, bei Euch gibt's doch nix zu sehen außer Deiche mit Schafen!"

Zugegeben, wie bereits erörtert, ist Ostfriesland nicht der Ruhrpott und Emden nicht Berlin. Das Kulturangebot ist aufgrund der kleinen Einwohnerzahlen und der Randlage der Region bei Weitem nicht so reichhaltig wie in anderen Ecken Deutschlands. Aber dass es hier rein gar nichts zu entdecken und erleben gibt, stimmt nicht. Okay, man kann nicht täglich zwischen 50 Ausstellungen wählen und experimentelle Kellerkonzerte von Musikstudenten erlebt man leider auch nur selten. Trotzdem lohnt sich der Blick in die Tageszeitung und den Veranstaltungskalender, wenn man mal wieder Lust auf eine Portion Kultur hat. Regelmäßige Anlaufstelle der Autorin ist zum Beispiel die *Kunsthalle Emden*, die 1986 vom Emder und ehemaligen Stern-Chefredakteur Henri Nannen und seiner Frau Eske gegründet wurde. Hochkarätige Kunst des 20. Jahrhunderts wird in den jüngst renovierten Gebäuden gezeigt, die sich mit jedem schicken Großstadt-Museum messen können. Aber auch kleine Galerien wie zum Beispiel das *Kunsthaus*

in Norden stellen anspruchsvolle Werke aus. Im Fischerort Greetsiel wird seit über 40 Jahren allsommerlich die *Greetsieler Woche* veranstaltet, im Rahmen derer etablierte deutsche und niederländische Künstler ihre Arbeiten zeigen. Sehenswert sind auch die ebenfalls im Sommer stattfindenden Kunsttage im Dornumer Wasserschloss, der *Norderburg*. Das barocke Schloss dient im Alltag als Realschule (wer möchte da nicht nochmal Schüler sein?) und ist zudem regelmäßig Veranstaltungsort für Konzerte.

Schlösser und Burgen gibt es einige in Ostfriesland, den wohlhabenden Häuptlingen der vergangenen Zeiten sei dafür gedankt. Die imposanten Gebäude sind oftmals von wasserführenden Gräben umgeben, da in Ostfriesland nun mal keine hohen Berge als Schutz vor Eindringlingen vorhanden sind. Wobei in heutigen Zeiten höchstens die Besucher als Eindringlinge bezeichnet werden können, und die sind zumeist ausdrücklich erwünscht. Die *Evenburg* in Leer-Loga ist eines der Schmuckstücke Ostfrieslands. Das ursprünglich barocke Schloss wurde im neugotischen Stil renoviert und beeindruckt viele Gäste. Regelmäßige Kulturveranstaltungen locken ebenso wie der Landschaftspark im Stil eines englischen Gartens. Auch der Park von *Schloss Lütetsburg* in der Nähe von Norden ist eine wunderbare Adresse

für einen sonntäglichen Ausflug. Beim gemütlichen Spaziergang zwischen prächtigen Rhododendren und romantischen Wasserläufen kann man es verkraften, dass das Schloss selbst für die Öffentlichkeit nicht zugänglich ist.

Eine weitere kulturelle Besonderheit der Region ist die Vielzahl an historischen Orgeln. Kenner und Fans dieser Instrumente strömen teils sogar aus fernen Ländern nach Ostfriesland, um sich zum Beispiel in Rysum die älteste bespielbare Orgel der Welt anzusehen. In der Ludgerikirche in Norden hat der Orgelbauer *Arp Schnitger* Ende des 17. Jahrhunderts ein sehens- und hörenswertes Prunkstück erschaffen. Und wo viele Orgeln sind, da sind auch viele Kirchen. In großer Zahl sind vor allem romanische Dorfkirchen vertreten und laden ein zur Besinnung.

Nochmal zurück nach Emden. Auch das *Ostfriesische Landesmuseum*, welches sich im Rathaus am Delft befindet, ist einen Besuch wert. Modern und interessant gestaltet, wird dort die Geschichte Ostfrieslands vermittelt. Im Obergeschoss befindet sich die überregional bekannte *Rüstkammer*, die auf beeindruckende Weise zeigt, wie sich die Ritter vor Jahrhunderten kleideten – nicht nur für kleine Jungs spannend. Die

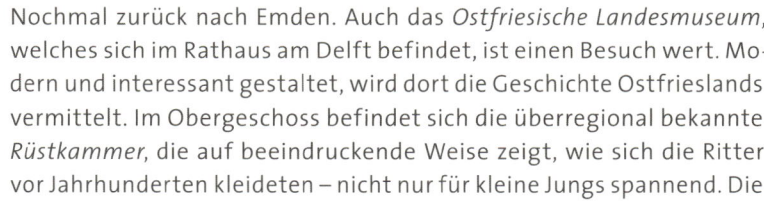

Johannes a Lasco-Bibliothek in einer imposanten ehemaligen Kirche lockt nicht nur mit ihrem Buchbestand die Besucher, sondern auch mit regelmäßigen Veranstaltungen wie Konzerten und Lesungen.

Auch wer etwas über die Tierwelt der Küste lernen möchte, kann zwischen interessanten Angeboten wählen. Ein Besucher-Highlight ist der *Wellenpark* in Norden-Norddeich, wo vor allem die *Seehundstation Nationalpark-Haus* die Massen begeistert. Dort werden niedliche **Heuler** aufgezogen. Heuler sind Seehunde, die im Watt ihre Mutter verloren haben. Unter den Augen neugieriger Besucher werden diese aufgepäppelt und auf ihre Auswilderung vorbereitet. Wenige Kilometer weiter lockt das *Waloseum* mit dem Slogan „Besuch mal den Wal" vor allem Familien mit einem Pottwal-Skelett und vielen interaktiv aufbereiteten Informationen über die Meerestiere. Quasi eine Tür davon entfernt können Technikbegeisterte im *Automobilmuseum* unter anderem einen von *Elton John* gefahrenen Cadillac bestaunen.

„Diesen Flohmarktfimmel habt ihr wohl in den Genen."

An den Wochenenden locken Fischmärkte, Hafenfeste und ganz besonders Flohmärkte die Besucher, darunter auch viele Einheimische. Schuld an der Vorliebe für diese nostalgische Art des Schnäppchenjagens scheint die urostfriesische Freude am Sparen sowie der ausgeprägte Pragmatismus der Küstenbewohner zu sein. Der längste Flohmarkt Ostfrieslands findet übrigens regelmäßig in Osteel statt. Um die 300 Aussteller bieten hier zahlreiche Raritäten an. Erwähnenswert ist zudem der Flohmarkt in Simonswolde, der schon zur nächtlichen Stunde beginnt. Bei Dunkelheit fällt auch der heimliche Transport der erworbenen Schätze in die sowieso schon überfüllte Garage nicht so auf.

Wo soll es denn am nächsten Sonntag noch so hingehen? Vielleicht ins Moormuseum? Oder lieber ins Leuchtturmmuseum? Gerne auch ins Mühlen-, Eisenbahn-, Dollart-, Fehn-, Küsten-, Tee-, Insel-, Dörp-, Burg-, Heimat-, Torf- und Siedlungs-, MachMit-, Schifffahrts-, Schul-, Landwirtschafts- oder Buddelschiffmuseum.

Da wir nun am Ende dieses Buches angelangt sind, können Sie sich aufmachen und alle diese Museen selber besuchen. Und nebenbei sämtliche beschriebenen Klischees auf Wahrheit oder Unwahrheit prüfen. Schließlich bildet sich letztlich jeder seine eigene Meinung – ob nun in roten oder doch lieber gelben Gummistiefeln.

Nakieksel

Ausdrücke, die das Überleben in Ostfriesland erleichtern

Alte Schachtel, alte Socke
Bezeichnung für Einwohner, die mit 25 Jahren noch unverheiratet sind. Damen erhalten einen Schachtelkranz, Herren eine Sockengirlande. Aber bitte gewaschen.

Bogen
Ein mit Tannengrün und Serviettenblumen dekoriertes Holzgerüst, welches Jubilare jeglicher Art von Familie und Freunden erhalten. Publikumswirksame Platzierung des Bogens vor der Haustür.

Boßeln
Nationalsportart, in Mannschaften auf den Landstraßen der Region ausgetragen. Gummi-, Kunststoff- oder Hartholzkugeln müssen mit möglichst wenigen Würfen eine vorgegebene Distanz überwinden.

Corvit
Weizenkorn des ehemaligen Norder Spirituosenherstellers → *Doornkaat*, heute von der Pabst & Richarz Vertriebs GmbH hergestellt. Gerne beim → *Boßeln* und → *Bogenmachen* verkostet.

Deich
Erdaufschüttung an der Wasserkante zum Schutz vor Sturmfluten. Zuweilen höchste Erhebung in Ostfriesland, gerne von Mensch und Schaf erklommen.

Doornkaat
Spirituosenhersteller, von 1806 bis 1992 in Norden ansässig. Doornkaat gehört heute zur Berentzen-Gruppe mit Sitz im emsländischen Haselünne. Der gleichnamige Weizenkorn wird zuweilen gerne von Hape Kerkelings Witzfigur *Horst Schlämmer* getrunken.

Döntje
Plattdeutsch für „Anekdote". Wichtiger Bestandteil geselliger Runden, gerne mit Unterstützung von einem → *Söpke*.

Ebbe
Niedrigwasser bzw. ablaufendes Wasser. Ermöglicht Wattwanderungen. Gegenteil von → *Flut*.

Elführtje
Ruhepause um 11 Uhr am Vormittag, bei der Tee oder Schnaps auf den Tisch kommt.

Fehnkanal
Binnenwasserstraße. Der Name leitet sich aus dem niederländischen Wort *Veen* ab, was Moor bedeutet.

Flut
Hochwasser. Ermöglicht Schwimmen und Boot fahren. Gegenteil von → *Ebbe*.

Friesisch Blau
Filigranes historisches Teegeschirr-Muster.

Friesische Freiheit
Begriff eines politischen Modells aus dem Hochmittelalter, bei dem sich die Ostfriesen angeblich unter *Karl dem Großen* gegen die Macht auswärtiger Fürsten verteidigten. Als Symbol hierfür steht der → *Upstalsboom*.

Galerieholländer
Stattliche Windmühle mit umlaufendem „Balkon", der Galerie.

Geest
Auf unfruchtbaren Sandablagerungen basierende Landschaft
im südlichen Ostfriesland.

Gezeiten
Im Volksmund auf → *Ebbe* und → *Flut* reduziert.
Periodische Wasserbewegungen der Ozeane.

Granat
Kleine Nordseegarnelen, von Auswärtigen auch gerne
als Krabbe bezeichnet und häufig genüsslich verspeist.

Heuler
Verwaister, hilfloser Seehund, der durch sein Heulen auf
sich aufmerksam macht. Wird in der Seehundstation Nationalpark-
Haus in Norddeich für die Auswilderung aufgepäppelt.

Hollandrad
Robustes, aus den Niederlanden stammendes Fahrradmodell
zur professionellen Fortbewegung im Flachland. Die aufrechte
Sitzposition des Fahrers ist hierbei charakteristisch.

Inseltaxi
Pferdekutsche. Aufgrund des Fahrverbots von PKW als öffentlicher
Personennahverkehr auf den autofreien Inseln eingesetzt.

Insett Bohnen
Eintopf aus gesalzenen Bohnen, auch *Schnippelbohnen* genannt.

Insulaner
Inselbewohner.

Jökeln
Plattdeutsch für „Spaß treiben". Sehr wichtig im Leben des Ostfriesen.

Kinnertöön
Likör aus Branntwein, → *Kluntje* und Rosinen, welcher zur Geburt eines Kindes getrunken wird. Auch → *Sinbohntjesopp* genannt.

Klootschießen
Nationalsportart, in Mannschaften im Winter auf gefrorenen Wiesen gespielt. Der Kloot, eine Kugel, wird mit Anlauf von einer Rampe geworfen. Keine Verbindung zu Sanitäreinrichtungen.

Kluntje
Auch *Kandis* genannt. Grobe, weiße Zuckerkristalle, die Ostfriesentee und → *Kinnertöön* ihre Süße verleihen.

Klütje
Schmackhafter Hefeteigkloß, der gerne mit eingekochten Birnen und Vanillesauce serviert wird.

Koppke
Plattdeutsch für Tasse. Wichtiges Utensil zum Trinken des Ostfriesentees.

Kreier
Schlickschlitten zur Fortbewegung im Watt.

Labskaus
Püriertes Seefahrergericht aus gepökeltem Rindfleisch,
Kartoffeln, Zwiebeln, Matjes, Roter Beete und Gewürzgurken.
Mit Spiegelei serviert. Wenig Kauaufwand.

Lenkdrachen
Häufig in Küstennähe beobachtetes buntes Flugobjekt,
welchem die steife Brise beste Flugverhältnisse bietet.

Marsch
Fruchtbares, der Nordsee abgerungenes Land. Basis
für viele ostfriesische Ortsnamen, wie z.B. Ostermarsch.

Matjes
In Salzlake eingelegte, jungfräuliche Heringe. Werden jährlich
in Emden, einem Hafen mit langer Heringsfischerei-Tradition,
im Rahmen der *Matjestage* befeiert.

Moin
Wichtiger Gruß zu jeder Tageszeit. Kommt aus dem
Plattdeutschen von „Moin Dag", also „Schönen Tag".

Mole
Hafenmauer, die als Wellenbrecher und Schiffsanleger dient.
Bekannt durch den Bahnhof Norddeich-Mole.

Nakieksel
Humorvoller plattdeutscher Ausdruck für Wörterbuch oder Glossar.
Lesen Sie gerade.

Ostfriesennerz
Gelbe Regenjacke, heute aus Synthetik, früher aus geöltem Leinen.
Keine tierische Verwandtschaft vorhanden.

Ostfriesenrose
Historisches Teegeschirr-Muster.

Ostfriesentorte
Sahnetorte mit → *Sinbohntjesopp*-Topping.

Ottifant
Ostfriesischer Ureinwohner. Comic-Figur aus der Zeichenfeder
des Emder Komikers → *Otto Waalkes*.

Otto Waalkes
Bundesweit bekannter Komiker, Schauspieler
und Künstler aus Emden, Vater des → *Ottifanten*.

Pilsumer Leuchtturm
Gelb-rot gestreifter Turm in der Krummhörn.
Bekannt aus Filmen des Komikers → *Otto Waalkes* sowie dem *Tatort*.

Pinkel
Grobe geräucherte Grützwurst. Wird zu Grünkohl gegessen.
Keine Verwandtschaft zur gleichnamigen Ausscheidung.

Pultstockspringen
Sportliche Überquerungsmöglichkeit für
Kanäle mittels eines langen Stabes, dem Pult.

Puppvisit
Begrüßung eines neugeborenen Ostfriesen im Hause der Eltern.
Hierbei wird → *Kinnertöön (Sinbohntjesopp)* getrunken.

Ruuntje
Blau-weiß gestreiftes Arbeiterhemd.

Sinbohntjesopp
Likör mit Rosinen, siehe → *Kinnertöön*. Vom plattdeutschen
Wort *Sinbohntje*: Rosine. Keine Verbindung zu Hülsenfrüchten.

Snirrtjebraa
Kurzgebratenes Schweinefleisch, ursprünglich
den Schlachthelfern zum Dank serviert.

Söpke
Plattdeutsch für einen meist klaren, verdauungs-
und stimmungsfördernden Schnaps.

Speckfetten Grau Arvten
Speise aus Grauen Erbsen und Speck, sehr deftig.

Störtebeker, Klaus
Berüchtigter Seeräuber, der unter anderem in Ostfriesland
Station machte.

Struukbessensmieten
Plattdeutsch für „Strauchbesenschmeißen",
spaßiger Mannschaftssport in geselliger Runde.

Südwester
Gelber Regenhut mit großem Kragen, traditionell zum
→ *Ostfriesennerz* getragen.

Tide
Anderer Begriff für → *Gezeiten*.

Updrögt Bohnen
Dekorativ an Fäden zum Konservieren aufgehängte Bohnen.
Mit Kartoffeln und Speck zum Eintopf gekocht.

Upstalsboom
Steinpyramide in der Nähe von Aurich. Versammlungsort
der Abgesandten der friesischen Landesgemeinden im
12. bis 14. Jahrhundert. Symbol der → *Friesischen Freiheit*.

Windloper
Durch den starken Nordseewind schief gewachsener Baum.

Wulkje
Wolkenartiges Gebilde, welches sich durch
das Einträufeln von Sahne im Ostfriesentee bildet.
Darf nicht durch Umrühren zerstört werden.

 X

XXL-Ostfriese
Spitzname des Filsumer Tier-Chiropraktikers *Tamme Hanken*.
Bekannt aus der gleichnamigen Fernseh-Dokumentation.

Zwillingsmühlen
Benachbarte → *Galeriehölländer* am Greetsieler Tief,
Wahrzeichen der Ortschaft.

Z

Literaturverzeichnis

Banck, C. (2012). *Ostfriesische Inseln & Nordseeküste*. Ostfildern: DuMont Reiseverlag. | Degering, T. (1999). *Die Ostfriesen pauschal*. Frankfurt a.M.: Fischer Taschenbuch Verlag. | Haddinga, J. (1986). *Das Buch vom ostfriesischen Tee*. Leer: Verlag Schuster. | Langenscheidt (Hrsg.). (2000). *Lilliput Plattdeutsch*. Berlin und München: Langenscheidt KG. | Klöver, H. (2004). *Ostfriesland kocht*. Norden: Verlag Soltau Kurier Norden. | Kröger, S. (2006). *Das Ostfriesland Lexikon*. Oldenburg: Isensee Verlag. | Ostfriesische Landschaft (Hrsg.) (2006). *Kulturkarte Ostfriesland*. Aurich: Ostfriesische Landschaftliche Verlags- und Vertriebsgesellschaft mbH. | Schröder, J. (1998). *100 Limericks über Ostfriesen*. Norden: Verlag Soltau Kurier Norden. | Schwerdtfeger, H. (1997). *Ostfriesland mit Inseln*. Würzburg: Stürtz REGIO.

Die Autorin

Angela Nora Broer wurde 1984 in Norden/Ostfriesland geboren. Zu Bildungszwecken verließ sie mit 19 Jahren ihre Heimat, hat aber nie den Kontakt zu Familie, Freunden und dem Deich verloren. Nach der Fachhochschulreife im Bereich Gestaltung in Oldenburg (i.O.) absolvierte sie eine Ausbildung zur Kauffrau für Marketingkommunikation in einem Bremer Verlag. Danach erfüllte sie sich ihren Traum vom Design-Studium. Dieses Buch entstand im Sommersemester 2012 im Rahmen ihrer Bachelor-Arbeit im Kompetenzfeld Grafik-Design an der *Hochschule für angewandte Wissenschaft und Kunst* in Hildesheim. Heute lebt die Autorin in Hamburg, wo sie in der Kreativ-Branche arbeitet.

Lust auf gelbe Gummistiefel-Accessoires? Oder Postkarten mit plattdeutschen Schimpfwörtern? Humorvolle Merchandising-Artikel zum Buch erhalten Sie über die Website der Autorin. *Kiek mol rin!*

www.angelanorabroer.de

Danksagung der Autorin

Ein herzlicher Dank gilt den lieben Menschen, die mir bei der Entstehung dieses Buches zur Seite standen:

Professorin **Dominika Hasse** und Diplom-Designerin **Eva König** für Ihre Unterstützung bei der Konzeptentwicklung und Gestaltung sowie Dipl.-Des. **Tatjana Rabe** und **Stephanie Schober** für Ihre Hilfe bei der Umsetzung und den seelischen Beistand in trauter Runde im roten Haus. Es war eine tolle Zeit! **Timon** für den eifrigen Rund-um-Support und meiner **Familie** für die ostfriesischen Insidertipps bei der einen oder anderen Tasse Tee und Portion Labskaus. Sowie allen **Freunden** fürs Mut machen! *Bedankt van Harten!*

Den Urlaub
nach Hause holen
mit Ostfrieslands
schönsten Seiten

Jeden
Monat
NEU